RADIUS BÜCHER

Kurt Marti

Ungrund Liebe

Klagen
Wünsche
Lieder

CIP-Kurztitelaufnahme der Deutschen Bibliothek

Marti, Kurt:
Ungrund Liebe: Klagen, Wünsche, Lieder / Kurt Marti. –
Stuttgart: Radius-Verlag, 1987.
(Radius-Bücher)
ISBN 3-87173-738-0

ISBN 3-87173-738-0

Umschlag: Dieter Kurzyna
Schrift aus der Janson (Linotron 202)
Satz, Druck und Bindung bei Clausen & Bosse, Leck
Printed in Germany

KLAGEN

WÜNSCHE

LIEDER

Klagen

GEBET, UM GOTT ZU ERINNERN

»Der Mensch hat ausgedient«
schreibt mir ein Gelehrter,
»ein grandioses Experiment
mit verheerenden Folgen.«

Und ich fürchte es ebenfalls,
fürchte es mehr und mehr,
daß Deine Schöpfung, o Gott, zum Berg wird,
der zuletzt nur Ratten gebiert.
Dann freilich hat sich's ausgeglaubt,
dann freilich hat sich's ausgeliebt,
dann freilich hat sich's ausgeweint.

Noch aber kann ich weinen,
noch aber kann ich klagen, rufen:
so, o Gott, hast Du's doch nicht gemeint!
So haben's weder Deine Propheten noch Deine
Apostel verkündet!
Dafür hat Jesus nie und nimmer gelebt, gelitten!
Erinnere Dich, o Gott, erinnere Dich
Deiner Guttaten von einst
und Deiner Verheißungen für morgen!

Glaube: die Rose in deiner, in meiner Hand,
das Licht eines Lächelns –
schon aber brüten schnelle Brüter
langsam ganz langsam
noch größeres Unheil aus.

Kommt laßt uns weinen!
Vielleicht, daß Gott auf Weinende hört.
Vielleicht ist uns besser hernach
und wächst doch noch,
doch wieder,
ein bißchen Mut, ein bißchen Wut
in unseren Herzen.

CHRISTLICHE KLEINBÜRGER

Christliche Kleinbürger
– ist's nicht zum Lachen?
Wehwehchen, Ängste zuhauf,
der tägliche Mißmut natürlich,
der seelische Schleim.
Man fühlt sich bedroht,
man droht zurück,
die Welt ist nicht, wie sie sollte.
Zeit ist Geld
und gesucht ein Plätzchen
ohne viel Durchzug,
wenn's sein muß, sogar in der Kirche,
fernab jedenfalls
vom Geschrei des allmächtigen Markts,
vom Gewimmer des Hungers:
Saint Money bewahre uns
vor Aufruhr, Umsturz, Veränderung!
Und wo, bitte, kann ich die Rolltreppe finden,
die empor in den Himmel führt?

Mein Gott!
Was fängt Dein Radikalo
aus Nazareths Kleinbürgertum
mit uns, den christlichen Kleinbürgern, an?

ERMATTUNG, KONFORMISMUSSOG

Schon sage auch ich:
was soll's?
Schon pass' ich weniger auf,
was geschieht, wo Einspruch nötig wäre.
Schon pass' ich mich an
und denke: Warum immer ich?
Sollen doch andere mal!
Auch habe ich's satt, nur immer
bei den Verlierern zu sein.
Mein Herz sucht Ruhe,
noch ehe es ruht in Dir.

Wenn das so weiter geht,
find' ich wohl bald
meinen faulen Frieden.
Möchte ich's anders?
Kann aber nicht anders,
denn langsam schwinden die Kräfte.
Daß nochmals neue wachsen,
ist wenig wahrscheinlich
in meinem Alter,
es wäre denn . . .

Es sei denn,
sie kämen von Dir.

KLAGE

Geläng's, ach geläng's nur,
meine Gedanken zu schmücken
mit Dir,
Dein Wort zu vermählen
mit mir!
Doch zerschlagen sind
die Knochen meiner Knochen,
verdrossen welkt
das Fleisch meines Fleisches.
Dein Wort ist weit weg,
es findet mich nicht.
Meine Gedanken sind blind,
sie erkennen Dich nicht.
Ob ich Dich einmal noch sehen werde
in meiner Finsternis?
Vielleicht, ach vielleicht
durch Tränen hindurch,
die mir fehlten bisher
(so versteinert bin ich)?

Gerne hätte ich mich anders gehabt.
Gut begreife ich jeden, der mich nicht mag.
Denen, die mich mögen, unterstelle ich, daß sie sich täuschen in mir.
Auch Du, Gott, bekommst Vorwürfe zu hören, weil Du mich dazu verurteilt hast, zu sein wie ich bin.
Undankbar, ich weiß.
Aber der andere, der ich sein möchte, wäre besser als ich.
Der Gedanke an ihn treibt mich um, aber lähmt mich zugleich.
Ich Narr, kompliziert und egozentrisch!
Den Nächsten lieben »wie mich selbst«?
In meinem Fall: ein armer Nächster!
Er hat von mir, der sich wenig liebt, nicht viel zu erwarten.
Erst müßtest Du, Gott, mir Liebe schenken zu mir.

WIE KAMST DU GERADE AUF MICH?

Auch heute wieder
frage ich mich,
wer Du warst oder bist,
was Du willst.

Viele
wissen das besser,
einige
folgen Dir nach.

Wie aber kamst Du
auch noch auf mich?
Bin doch nicht der,
den Du brauchst!

Dennoch,
dennoch
komm ich nicht los
von Dir.

MORGENGEBET VOR DEM BADEZIMMERSPIEGEL

Der verschlafene Kerl da: bin ich das?
O Gott, o Gott, was für ein Anblick.
Ein Gesicht, das über sich selber erschrickt und
dennoch rasiert sein will.
Im Traum war ich eben noch heiter und jung.
Jetzt aber dieser vorwurfsvoll alte Körper.
Wer, um Himmels willen, wird noch Gefallen finden
an ihm?
Ich nicht.
Im Moment jedenfalls nicht.
Eher hätte ich Lust, die grauen Stoppeln stehen,
mich ungewaschen vergammeln,
verwildern zu lassen.
Das wenigstens könnte noch einigermaßen lustig sein.
Mädchen würden kichern, Kinder mit Fingern auf
mich zeigen, Frauen fürsorglich blicken.
Schon aber sind die Stoppeln fast weg.
Ich schneide die letzten Grimassen.
Beim Rasieren ist das erlaubt, mit Lust läßt man alle
Gesichtszüge entgleisen.
Danach verfällt wieder alles in Normalität.
Zähneblecken, Zähneputzen, aus Angst vor dem
Zahnarzt.
Das Grauhaar, das ich bürste, wird auch immer
dünner.
Ein Mann im Herbst, nur ist dieser bei weitem nicht
so farbenreich wie die Natur.

Auf, auf jetzt!
Das Leben ruft, das Ungeheuer.
Verzeih, o Gott, das senile Geschwätz.
Gib mir ein Lachen für diesen Tag!
Wenn's nicht anders geht: über mich selber.

Wünsche

SO ZART IST DIE GOTTHEIT

Spricht der eine: »Alles, was man
über Gott sagen kann, ist Gott.«
Spricht der andere: »Alles, was man
sagen kann, ist nicht Gott.«
Spricht Meister Eckhart: »Beide
reden wahr.«
Und ich denke: So zart ist also
die Gottheit!
Die Zangen der Logik fassen sie nicht.

FRAGESPIEL

Wer bist Du?

Entlockst mir
Gefühle,
Gedanken,
Träume,
Wörter.

Erregst
meine Phantasie
mit Bildern,
die wie im Kino
rasch wechseln,
bis daß ich nicht mehr weiß,
ob auch Du
Phantasie bist.

Verführst mich
aufs Glatteis von Taten,
auf dem ich
kühn oder unsicher
gleite, falle.

Wer bist Du?
frag ich.
Wer bist du?
fragst du –
und ruhig verfolgt,
aber näher getreten,
der Tod unser Spiel.

HOFFNUNG

O nein, o nein,
ich hab' mein Leben
nicht im Griff,
überhaupt nicht.
Eher umgekehrt:
ES hat MICH.

ES:
das Leben jetzt,
das Sterben einst,
doch darin, hoff' ich,
DU.

MEIN ATEM GEHT

Mein Atem geht –
was will er sagen?

Vielleicht:
  Schau! Hör! Riech! Schmeck! Greif! Lebe!
Vielleicht:
  Gott atmet in dir mehr als du selbst.
Und auch:
  In allen Menschen, Tieren, Pflanzen atmet Er
  wie in dir.
Und so:
  Freude den Sinnen!
  Lust den Geschöpfen!
  Friede den Seelen!

DANK FÜR LIEBE

Unerwartet hab' ich
in einer anderen Stadt
eine Jugendgeliebte wiedergetroffen.
Ich hab' sie nicht,
sie aber hat mich wiedererkannt –
bin ich unter dem weißen Haar
der Gleiche geblieben?
»Salü Kurt«, sagte sie fröhlich:
Liebe helle Stimme noch immer.
Nur wenig jünger als ich,
doch heute noch hübscher
als das träumerisch sanfte Mädchen von einst.
Wir erzählten einander dies oder das
und von den längst erwachsenen Kindern.
Der Glanz junger Sommertage
vor bald fünfzig Jahren
stimmte mich alten Narren sehr heiter.
Hab' jedenfalls gute Erinnerungen an uns.
Sie, glaube ich, auch.
Somit: alles in fröhlichster Ordnung:
»... soviel berauschende Vergänglichkeit«.

Dank sei jedweder Liebe,
die lange nachleuchtet noch
über die Zeit der Liebe hinaus.
Und Dank Dir,
Gott der Liebenden.

UNGRUND

Warum ich Christ bin,
das, ach, läßt sich erklären.
Nicht aber, warum Du
der Christus bist.

Ungrund Liebe.

IMMER BIST DU ES

Ehe wir Dich suchten,
warst Du da.
Bevor wir Dich »Vater« riefen,
hast Du uns als Mutter umsorgt.
Beugten wir die Knie vor Dir, dem Herrn,
kamst Du als Bruder entgegen.
Beschworen wir Deine Brüderlichkeit,
erging die Antwort schwesterlich.

Immer bist Du es,
der vorher war;
allwärts bist Du es,
der begegnet.

JESSES!

Du so.
Du anders.
Du nicht.
Du doch.
Dein Leib.
Deine Worte.
Was weiß ich.
Was soll ich.

Komm glaub
mit mir.
Komm geh
mit uns.

SO IST DAS

Denen wir lieber
aus dem Weg gehen
sind Dein Weg.

Die wir lieber
nicht sehen möchten
sind Dein Blick.

Die wir lieber
nicht hören möchten
sind Deine Stimme.

So ist das.
Und so:
bist Du.

FRAGE

Manchen bin ich einiges, einigen bin ich vieles
schuldig geblieben.
Und die Zeit läuft davon.
Wessen Liebe kann das noch gutmachen?
Die meine nicht.
Nein, die meine nicht.

WILLS GOTT

Wieder mal ging
Phantasie mit mir durch,
setzte kraftvoll
über die Hindernisse
von täglichem Kram und Mief.
Halleluja! wollte ich
eben noch jubeln.
Da lag ich schon wieder
und abgeworfen
auf meinem Kreuz,
auf dem harten Boden der Realität.

So ist das.
So ist das, wills Gott.

HANDELN

Träumen geht mühelos,
denken ist leicht,
handeln schon schwerer.
Doch daß jemand handelt,
nachdem er's bedacht,
dies ist das schwerste
für einen,
der nicht weiß,
was er bedenken müßte,
ehe er handelt.
Was tun, o Gott?
Würfeln?
Blindlings wagen?
Oder das Handeln verweigern?

Laß, bitte, hören von Dir.

Ach, daß ich, wenn's drauf ankommt,
im Gegner den Bruder,
im Störer den Beleber,
im Unangenehmen den Bedürftigen,
im Süchtigen den Sehnsüchtigen,
im Säufer den Beter,
im Prahlhans den einst Gedemütigten,
im heute Feigen den morgen Mutigen,
im Mitläufer den morgen Geopferten,
im Schwarzmaler den Licht- und
Farbenhungrigen,
im Gehemmten den heimlich Leidenschaftlichen
erkennen könnte!
Leicht ist das nicht.
Es bräuchte, o Gott, die Gegenwart Deines Geistes!
Und wie schaffe ich, der Ängstliche, es,
im Lauten den Leisetreter,
im Arroganten den Angsthasen,
im Behaupter den Ignoranten,
im Auftrumpfer den Anpasser
zu entlarven?
Auch das, auch das gehört zur Liebe, wie Jesus sie
lebte.

KEIN HEILIGER

Ich flehe Dich
um einigen Spaß an,
o Gott!

Wie sonst
die Zumutungen des Lebens
ertragen?

Ich bin, Du weißt,
kein Heiliger,
nur einer von vielen,
nur einer wie alle.

Aber man sagt mir,
daß Du keinen verachtest.

WAS ICH BRAUCHE

Brauche ich Gott?

Ich brauche Menschen,
deren Mut
den meinen weckt.

Ich brauche Menschen,
deren Mut mir zuruft,
daß Gott mich braucht.

Auch mich.

GLÜCKWÜNSCHE

1
daß du dir
(hie und da)
glückst

2
daß Glück
dich nicht blende
für Unglücke
anderer

3
daß Unglück
dich nicht verschlinge
für immer

4
daß dir
(ab und zu)
ein Glück für andere
glücke

5
daß dein Wunsch nicht sterbe
nach einer Welt,
wo viele (wo alle?)
sich glücken können

NIE HAB' ICH DICH GESUCHT

Nie hab' ich Dich gesucht.
Stets warst Du hinter mir her,
Verführerin Gott,
die mir den Kopf verdreht,
die leise singt in mir
wie leuchtende Finsternis,
die mich oft auch zurechtweist,
bald traurig, bald lächelnd:
eine strenge Geliebte,
eine maßlos Liebende.

Ich weiß, ich wachse
dem Sterben entgegen.

Und auch: Nie werd' ich
dem Sterben gewachsen sein.

Ich weiß noch nicht mal,
wie ich leben sollte.

Lebe, als ob
ich nicht sterben müßte.

Und das in einem Alter,
wo gestorben wird.

Stets häufiger gehen
Freunde, Freundinnen für immer.

Realitäten,
und dennoch irreal – für mich.

Dann wohl: das Leben
ein Traum.

Und Du, Gott, vielleicht
mein schönes Erwachen?

Noch aber wage ich's
nicht zu glauben.

Denke auch, ehrlich gesagt,
nur hie und da mal daran.

DER EINSTIEG, DER AUSSTIEG

Gott, der Du einstiegst
in die Miseren der Welt,
der Du ausstiegst
aus dem Zirkel
von Verblendung, Gewalt und Zerstörung:
erleuchte uns,
bevor wir zerstrahlt sind!
Erbarme Dich,
damit die Erde und wir und die nach uns
nicht unwiderruflich
eigener Gier und Erbarmungslosigkeit
zum Opfer fallen.

Unbeirrbarer,
stecke uns an
mit Deiner Leidenschaft
für das Leben.

Heilige Geistin!
Um des Ganzen willen,
das wir aufs Spiel gesetzt haben:
Störe uns auf aus dem Fiebertraum eigener Allmacht!
Heile unseren blinden Wahn
durch Deine Weisheit, den schönen Schalom.
Laß uns endlich wieder gesunden
durch die Liebe zu allem, was lebt.

DEIN REICH KOMME

Dein Reich komme,
weil Reichtum bunt erblühen will
in der Gerechtigkeit für alle,
in Schwesterlichkeit, Brüderlichkeit,
in segensvollen Erfindungen,
in unserer Freundschaft mit der Natur,
in Anbetungen jeder Art,
in Entfaltungen des Geistes,
in Erleuchtungen der Sinne
(mystisch, tantrisch, wie auch immer),
in der Allgegenwart und Allmacht der Liebe
– damit Du, unendlich reich schon immer,
schließlich auch unter uns wirst
alles in allem.

AUFERSTEHUNG DES FLEISCHES?

Sotto voce
– als gält's,
vor Kirchenräten
ein obszönes Geständnis
zu machen –
gebe ich zu:
oft mag ich
das Wort von der
»Auferstehung des Fleisches«.
Ha! Wie verwirft
Freund I
seine Hände:
O Schnapsidee
verschrobener Mönche!
Dann eben,
nun gut:
doch ließ
mich die Schnapsidee
nie mehr
ganz los.
Um so mehr
bedrängt mich
Freund II:
Wie aber
und wo denn?
O Mann,
wenn ich
nur wüßte:

auch ich
vermag mir
nichts vorzustellen dabei.

Freund III
(ein Ireniker)
schlägt
Begriffsklärungen
vor:

Sagen wir nobler doch
»Auferstehung des Leibes«
oder noch besser vielleicht
»Auferstehung der Person« –

Da aber
und plötzlich
tauchen
vor meinem
Innenaug' auf:

die Frauen,
die Männer,
die Kinder,
blutig geschlagen
zu Krüppeln geschossen,
in Kerkern gefoltert
und
elend krepiert
oder
napalmverbrannt
oder strahlenverseucht:
zerfetztes,
gequältes,
betrogenes
Fleisch!

Und ich
frag' mich
und frage
die Freunde:

Verspricht »Auferstehung des
Fleisches«
am Ende vielleicht
den heiligen Zorn des verratenen
Schöpfers,
den Triumph des hingerichteten
Sohnes,
die Sehnsucht der exilierten
Geistin
nach einer Heimat endlich im
Fleisch?

Lieder

LETZTE WERDEN ERSTE,
ERSTE WERDEN LETZTE SEIN

Kinderlied

Weise kehren bei Maria ein,
sehn das Kind im Lampenschein.
Letzte werden erste,
erste werden letzte sein.

Fürst Herodes sitzt und zürnt allein
im Palast aus Marmorstein.
Erste werden letzte,
letzte werden erste sein.

Hell geht Jesus in die Welt hinein,
um aus Nacht uns zu befrein.
Letzte werden erste,
erste werden letzte sein.

Heilt die Kranken, kehrt bei Zöllnern ein
und aus Wasser macht er Wein.
Erste werden letzte,
letzte werden erste sein.

Sterbend muß er noch am Kreuze schrein:
Vater, läßt Du mich allein?
Letzte werden erste,
erste werden letzte sein.

Ostern kommt, vom Grabe weicht der Stein.
Neu kehrt Jesus bei uns ein.
Erste werden letzte,
letzte werden erste sein.

DEINER GEDENK ICH, MARIA

Die du gehorsam warst, Maria,
dem freiheitsliebenden Gott,
der nicht nach der Pfeife
von Machthabern tanzt,
die mit dem Tod
uns regieren.

Die du Jesus gebarst, Maria,
den Aufständischen
gegen die Herrenmacht derer,
die aus Gott einen Mann
und aus Frauen
Sklavinnen machten.

Die du zärtlich warst, Maria,
und voller Lebensfreude
und außer dem Einen
auch deine anderen
Söhne und Töchter
herzlich geliebt hast.

Deiner gedenk ich, Maria,
und sehe dich tanzen
Gebete des Friedens
und sehe dich tanzen
mit Brüdern und Schwestern
die lebendigen Psalmen
der Göttin Gott.

ABRÜSTUNGSCHORAL

Wir preisen Dich, Göttin Gott,
die Du nie eine Waffe gebrauchst,
Die Du Tote ins Leben erweckst,
Feinde als Geschwister entlarvst.

Wir bitten Dich, Göttin Gott,
steck uns mit Deiner Liebeskraft an,
weck Gefühl in uns und Mitgefühl,
gib uns Mut, gewaltlos zu sein.

Wir danken Dir, Göttin Gott,
die Du Lust am Lebendigen hast,
die Du gegen Vernichtungen kämpfst
für den Sieg der Gerechtigkeit.

ABENDLIED

Danke, Herr, für diese Nacht!
Arbeit hat uns müd gemacht.
Hilf, daß Gutes aus ihr werd'
für die Menschen, für die Erd'.

Gabst uns, Herr, das täglich Brot.
Viele leiden Hunger, Not.
Wehr dem Unrecht, wehr der Plag,
daß aus Nacht bald werde Tag.

Schenke, Herr, den Kranken Schlaf,
allen auch, die Unglück traf.
Mach uns morgen neu bereit,
andern beizustehn im Leid.

Wache, Herr, wenn wir jetzt ruhn,
leucht uns durch die Träume nun.
Gib, daß morgen Arbeit find't,
die jetzt ohne Arbeit sind.

Mond und Sterne überall,
ruhig kreist Dein Erdenball.
Laß ihn, Herr, auch weiterhin
kreisen und lebendig blühn.

WÜTENDES LIEBESLIED

Traurig bin ich,
geh zur Ruh.
Decke mich mit
Deinem Körper zu!

Nackt und hilflos
Mund bei Mund:
draußen gehen
Feld und Wald zugrund.

Während Liebe
leben will,
droht uns höhnisch
schon der Overkill.

Eiszeit! Doch mit
Dir im Arm
fühl ich wieder
wütend mich und warm.

LIED FÜR TRAUUNGEN

Wir preisen Dich, Gott,
der Du Frau und Mann
zur Liebe füreinander geschaffen.
Der Liebe laß
Treue entsprießen,
die ausstrahlt auch auf andere Menschen.

Wir preisen Dich, Gott,
der Du Frau und Mann
zur Liebe füreinander geschaffen.
So mache uns
willig, im Leiden
und in der Not zusammenzuhalten.

Wir preisen Dich, Gott,
der Du Frau und Mann
zur Liebe füreinander geschaffen.
Zerstrittenen
schenke Versöhnung
und wecke ihre Zärtlichkeit wieder.

Wir preisen Dich, Gott,
der Du Frau und Mann
zur Liebe füreinander geschaffen.
Der Einsamen
Traurigkeit wandle
in Zuwendung, die furchtlos sich öffnet.

Wir preisen Dich, Gott,
der Du Frau und Mann
zur Liebe füreinander geschaffen.
Erwecke uns,
Schöpfer der Liebe,
stets wieder neu zur Lust und zur Treue.

NACHFOLGELIED

Wir schielen
nach Christus hier
und Erfolgen dort.

Wir schielen
nach Christus hier
und dem Mammon dort.

Wir schielen
nach Christus hier
und den Waffen dort.

Hilf, Höchster,
und heil' uns Herz
und Schielaug zugleich.

Komm, richte
allein nur auf
Christus unsern Blick.

Erwecke
den Mut uns zu
Wagnis und Verzicht,

daß Friede
aufblühen kann
in heiliger Kraft.

FAMILIÄRES LIED ZUM FÜNFTEN GEBOT

Ehren sollst du auch
Vater Wasser und Mutter Erde,
auf daß ihr lange leben könnt
auf der Welt,
die Gott euch gegeben.

Hegen sollst du auch
Schwester Drossel und Bruder Igel,
auf daß ihr lange leben könnt
auf der Welt,
die Gott euch gegeben.

Achten sollst du auch
Vetter Wildwuchs und Base Binse,
auf daß ihr lange leben könnt
auf der Welt,
die Gott euch gegeben.

Gut sein sollst du auch
gegen Tier und Kraut in dir selber,
auf daß ihr lange leben könnt
auf der Welt,
die Gott euch gegeben.

ERSTES LIED FÜR DIE ERDE

In uns kreist das Leben,
das uns Gott gegeben,
kreist als Stirb und Werde
dieser Erde.

Ruhig leuchten Felder,
dunkel stehn die Wälder:
ohn' sie kann's kein Leben
für uns geben.

Gottes Kreaturen
füllen Hügel, Fluren:
ohn' sie kann's kein Leben
für uns geben.

Vögel in den Höhen,
Fische in den Seen:
ohn' sie kann's kein Leben
für uns geben.

Schön im Stirb und Werde
kreist die Mutter Erde,
trägt, was ihr gegeben:
Gottes Leben.

ZWEITES LIED FÜR DIE ERDE

Laßt uns singen für die Erde,
daß sie nicht durch Gifte oder Waffen
freventlich und blind vernichtet werde.
Du, o Gott, hast sie geschaffen!

Laßt uns bitten, daß die Erde,
die Du uns zur Pflege hast gegeben,
unsre Kinder noch erfreuen werde.
Jesus ließ für sie sein Leben!

Laßt uns kämpfen für die Erde,
daß der Mensch für ihre Pflanzen, Tiere
statt zum Fluch zu einem Segen werde.
Gott, Dein Geist uns treib und führe!

Laßt uns tanzen auf der Erde
und von Herzen der Verheißung trauen,
daß sie einmal Gottes Reich noch werde,
wo wir Heil und Frieden schauen.

Kurt Marti, 1921 in Bern geboren, studierte Jura und Theologie in Bern und Basel (u. a. bei Karl Barth). Im Dienste des Ökumenischen Rates ein Jahr in Paris. Pfarrer in Leimiswil, Niederlenz, und bis 1983 an der Nydeggkirche in Bern.

Preise und Auszeichnungen u. a.:

1957 Lyrik-Preis Radio Basel
1967 Preis der Schweizerischen Schillerstiftung
1972 Johann-Peter-Hebel-Preis des Landes Baden-Württemberg
1972 Großer Literaturpreis des Kantons Bern
1977 Dr. theol. h. c. der Universität Bern
1982 Buchpreis des Deutschen
Verbandes Evangelischer Büchereien

Im RADIUS-Verlag liegen von Kurt Marti folgende Bücher vor:

Der Aufstand Gottes gegen die Herren
31 Gedichte mit 23 Bildern von
Ge Gessler zum Thema Passion

Gottesbefragung
Der 1. Johannesbrief heute

Schöpfungsglaube
Die Ökologie Gottes

geduld und revolte
die gedichte am rand. Mit einem Vorwort von
Ingeborg Drewitz

Lachen, Weinen, Lieben
Ermutigungen zum Leben

O Gott!
Essays und Meditationen

Ungrund Liebe
Klagen, Wünsche, Lieder

Außerdem arbeitete der Autor an den ersten sechs Bänden der von Walter Jens herausgegebenen »Assoziationen. Gedanken zu biblischen Texten« (Gesamtwerk: 8 Bände) mit und veröffentlichte Beiträge in verschiedenen Ausgaben des RADIUS-Almanach.